农村普法系列连环画
NONGCUN PUFA XILIE LIANHUANHUA

遗产纠纷

龙 雷 著　　龙玮钰 绘

黄河出版传媒集团
阳 光 出 版 社

图书在版编目（CIP）数据

遗产纠纷 / 龙雷编；龙玮钰绘. -- 银川：阳光出版社, 2017.10

（农村普法系列连环画）

ISBN 978-7-5525-3884-7

Ⅰ. ①遗… Ⅱ. ①龙… ②龙… Ⅲ. ①继承法－中国－通俗读物 Ⅳ. ①D923.5-49

中国版本图书馆CIP数据核字(2017)第252603号

农村普法系列连环画　遗产纠纷　　龙雷　编　龙玮钰　绘

策　　划　那大庆　龙　雷

责任编辑　李媛媛

封面设计　晨　皓

责任印制　岳建宁

黄河出版传媒集团 阳光出版社 出版发行

出 版 人　王杨宝

地　　址　宁夏银川市北京东路139号出版大厦（750001）

网　　址　http://www.ygchbs.com

网上书店　http://shop129132959.taobao.com

电子信箱　yangguangchubanshe@163.com

邮购电话　0951-5014139

经　　销　全国新华书店

印刷装订　宁夏凤鸣彩印广告有限公司

印刷委托书号　（宁）0006640

开　　本　880mm × 1230mm 1/32

印　　张　1

字　　数　20千字

版　　次　2018年1月第1版

印　　次　2018年1月第1次印刷

书　　号　ISBN 978-7-5525-3884-7

定　　价　10.00元

小江的姑妈去世三周年了，表兄表姐商量着给姑爹找老伴的事。

姑爹今年刚退休，一个人住着一套九十多平方米的楼房，退休工资三千多块呢，其他事情都不存在问题，就是没有人照料生活。

姑爹当了半辈子机关干部，不会做饭洗衣干家务，姑妈一走三年，姑爹的生活真是难过得很，子女都在外地，远水解不了近渴。这事情到底咋办呢?

寂寞无聊的姑爹整天进来出去的像个掐掉头的苍蝇，到处乱转呢！也寻思着没个老伴日子难过，急需找个方向呢。

不多久，经亲戚邻居介绍，一位五十七八岁的乡下胡姓独身阿姨愿与姑爹梅开二度，再结连理。两位老人认识来往月余，情投意合，住到了一起。

原来，这个胡姨，家住东市某乡一个村子，生有三子，老伴病故五六年了，三个儿子先后都进城做生意打工，她一人守在老家三间砖瓦空房里，也是寂寞难耐。

经人介绍姑爹的情况，胡姨喜出望外，打心底十分高兴——老来福了！

姑爹是当过干部的人，懂得些法律常识，想着要办个结婚证，但爱面子，不好意思亲自去，便委托胡姨的大儿子办理了结婚手续。

按照《中华人民共和国婚姻法》规定，领取结婚证必须双方当事人亲自到场，不得委托办理。胡姨的大儿子找到了办理婚姻登记的王主任，给王主任包了个大大的红包，不一会儿工夫就把结婚证办了出来。

姑爹领上胡姨上北京、去上海、游苏杭、逛西安，着实高兴快活了两三年。

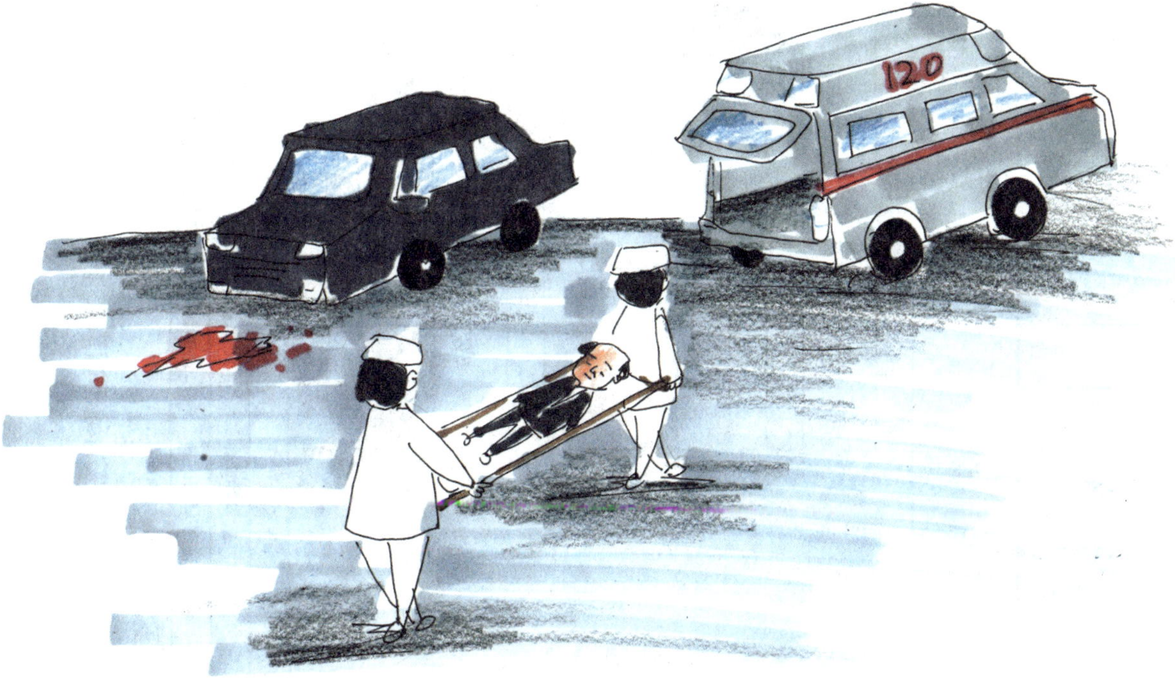

天有不测风云，人有旦夕祸福。那天早晨七点多钟，姑爹到东环路晨练时，不慎出了车祸，抢救无效而亡。

事发突然，姑爹走得急，没有给老伴留下个只字片语！

事故处理了，姑爹的赔偿金四万元，工作人员交到了胡姨手上。

办完了丧事，那套九十平方米的楼房、抚恤费、姑爹的存款等遗产继承分割成了个问题。

胡姨与她的儿子和表兄表姐，双方之间争执不下。各说各有理，互不相让。

姑妈在世时，老两口儿省吃俭用买了一套九十平方米的房子，现在成了一个香饽饽，谁都想要，怎样分争论不下，很伤脑筋。

楼房是姑爹和姑姑生前一起购买的，不是和胡姨的共有财产，按道理说，胡姨只有居住权，产权归表兄，可胡姨的儿子们想不通，不同意。

事故赔偿费、怃恤金、姑爹存款，房内财物，怎么分配才合理合法呢？胡姨要求楼房留给她养老，表兄表姐不同意。难办！难办！

这些百姓日常生活中的遗产纠纷，如何解决呢？是调解呢，还是等待法律依法裁判呢？

小江叹了口气说："姑爹当了半辈子干部，做事情一贯仔细谨慎，要是姑爹和胡姨亲自去办理了结婚证，姑爹再写个遗嘱，公证处一公证，哪有今天这个事呢？"

中华人民共和国继承法（节选）

（1985 年 4 月 10 日第六届全国人民代表大会第三次会议通过，1985 年 4 月 10 日中华人民共和国主席令第二十四号公布，自 1985 年 10 月 1 日起施行。）

第一章　总 则

第一条　根据《中华人民共和国宪法》规定，为保护公民的私有财产的继承权，制定本法。

第二条　继承从被继承人死亡时开始。

第三条　遗产是公民死亡时遗留的个人合法财产，包括：

（一）公民的收入；

（二）公民的房屋、储蓄和生活用品；

（三）公民的林木、牲畜和家禽；

（四）公民的文物、图书资料；

（五）法律允许公民所有的生产资料；

（六）公民的著作权、专利权中的财产权利；

（七）公民的其他合法财产。

第四条　个人承包应得的个人收益，依照本法规定继承。个人承包，依照法律允许由继承人继续承包的，按照承包合同办理。

第五条　继承开始后，按照法定继承办理；

有遗嘱的，按照遗嘱继承或者遗赠办理；有遗赠扶养协议的，按照协议办理。

第六条　无行为能力人的继承权、受遗赠权，由他的法定代理人代为行使。

限制行为能力人的继承权、受遗赠权，由他的法定代理人代为行使，或者征得法定代理人同意后行使。

第七条　继承人有下列行为之一的，丧失继承权：

（一）故意杀害被继承人的；

（二）为争夺遗产而杀害其他继承人的；

（三）遗弃被继承人的，或者虐待被继承人情节严重的；

（四）伪造、篡改或者销毁遗嘱，情节严重的。

第八条　继承权纠纷提起诉讼的期限为二年，自继承人知道或者应当知道其权利被侵犯之日起计算。但是，自继承开始之日起超过二十年的，不得再提起诉讼。

第二章　法定继承

第九条　继承权男女平等。

第十条　遗产按照下列顺序继承：

第一顺序：配偶、子女、父母。

第二顺序：兄弟姐妹、祖父母、外祖父母。

继承开始后，由第一顺序继承人继承，第二顺序继承人不继承。没有第一顺序继承人继承的，由第二顺序继承人继承。

本法所说的子女，包括婚生子女、非婚生子女、养子女和有扶养关系的继子女。

本法所说的父母，包括生父母、养父母和有扶养关系的继父母。

本法所说的兄弟姐妹，包括同父母的兄弟姐妹、同父异母或者同母异父的兄弟姐妹、养兄弟姐妹、有扶养关系的继兄弟姐妹。

第十一条　被继承人的子女先于被继承人死亡的，由被继承人的子女的晚辈直系血亲代位继承。代位继承人一般只能继承他的父亲或者母亲有权继承的遗产份额。

第十二条　丧偶儿媳对公、婆，丧偶女婿对岳父、岳母，尽了主要赡养义务的，作为第一顺序继承人。

第十三条　同一顺序继承人继承遗产的份额，一般应当均等。

对生活有特殊困难的缺乏劳动能力的继承人，分配遗产时，应当予以照顾。

对被继承人尽了主要扶养义务或者与被继承人共同生活的继承人，分配遗产时，可以多分。

有扶养能力和有扶养条件的继承人，不尽扶养义务的，分配遗产时，应当不分或者少分。

继承人协商同意的，也可以不均等。

第十四条　对继承人以外的依靠被继承人扶养的缺乏劳动能力又没有生活来源的人，或者继承人以外的对被继承人扶养较多的人，可以分给他们适当的遗产。

第十五条　继承人应当本着互谅互让、和睦团结的精神，协商处理继承问题。遗产分割的时间、办法和份额，由继承人协商确定。协商不成的，可以由人民调解委员会调解或者向人民法院提起诉讼。

第三章　遗嘱继承和遗赠

第十六条　公民可以依照本法规定立遗嘱处分个人财产，并可以指定遗嘱执行人。

公民可以立遗嘱将个人财产指定由法定继承人的一人或者数人继承。

公民可以立遗嘱将个人财产赠给国家、集体或者法定继承人以外的人。

第十七条　公证遗嘱由遗嘱人经公证机关办理。

自书遗嘱由遗嘱人亲笔书写，签名，注明年、月、日。

代书遗嘱应当有两个以上见证人在场见证，由其中一人代书，注明年、月、日，并由代书人、其他见证人和遗嘱人签名。

以录音形式立的遗嘱，应当有两个以上见证人在场见证。

遗嘱人在危急情况下，可以立口头遗嘱。口头遗嘱应当有两个以上见证人在场见证。危急情况解除后，遗嘱人能够用书面或者录音形式立遗嘱的，所立的口头遗嘱无效。

第十八条　下列人员不能作为遗嘱见证人：

（一）无行为能力人、限制行为能力人；

（二）继承人、受遗赠人；

（三）与继承人、受遗赠人有利害关系的人。

第十九条　遗嘱应当对缺乏劳动能力又没有生活来源的继承人保留必要的遗产份额。

第二十条　遗嘱人可以撤销、变更自己所立的遗嘱。

立有数份遗嘱，内容相抵触的，以最后的遗嘱为准。

自书、代书、录音、口头遗嘱，不得撤销、变更公证遗嘱。

第二十一条　遗嘱继承或者遗赠附有义务的，继承人或者受遗赠人应当履行义务。没有正当理由不履行义务的，经有关单位或者个人请求，人民法院可以取消他接受遗产的权利。

第二十二条　无行为能力人或者限制行为能力人所立的遗嘱无效。

遗嘱必须表示遗嘱人的真实意思，受胁迫、欺骗所立的遗嘱无效。

伪造的遗嘱无效。

遗嘱被篡改的，篡改的内容无效。

第四章　遗产的处理

第二十三条　继承开始后，知道被继承人死亡的继承人应当及时通知其他继承人和遗嘱执行人。继承人中无人知道被继承人死亡或者知道被继承人死亡而不能通知的，由被继承人生前所在单位或者住所地的居民委员会、村民委员会负责通知。

第二十四条　存有遗产的人，应当妥善保管遗产，任何人不得侵吞或者争抢。

第二十五条　继承开始后，继承人放弃继承的，应当在遗产处理前，作出放弃继承的表示。没有表示的，视为接受继承。

受遗赠人应当在知道受遗赠后两个月内，作出接受或者放弃受遗赠的表示。到期没有表示的，视为放弃受遗赠。

第二十六条　夫妻在婚姻关系存续期间所得的共同所有的财产，除有约定的以外，如果分割遗产，应当先将共同所有的财产的一半分出为配偶所有，其余的为被继承人的遗产。

遗产在家庭共有财产之中的，遗产分割时，应当先分出他人的财产。

第二十七条　有下列情形之一的，遗产中的有关部分按照法定继承办理：

（一）遗嘱继承人放弃继承或者受遗赠人放弃受遗赠的；

（二）遗嘱继承人丧失继承权的；（三）遗嘱继承人、受遗赠人先于遗嘱人死亡的；

（四）遗嘱无效部分所涉及的遗产；

（五）遗嘱未处分的遗产。

第二十八条　遗产分割时，应当保留胎儿的继承份额。胎儿出生时是死体的，保留的份额按照法定继承办理。

第二十九条　遗产分割应当有利于生产和生活需要，不损害遗产的效用。

不宜分割的遗产，可以采取折价、适当补偿或者共有等方法处理。

第三十条　夫妻一方死亡后另一方再婚的，有权处分所继承的财产，任何人不得干涉。

第三十一条　公民可以与扶养人签订遗赠扶养协议。按照协议，扶养人承担该公民生养死葬的义务，享有受遗赠的权利。

公民可以与集体所有制组织签订遗赠扶养协议。按照协议，集体所有制组织承担该公民生养死葬的义务，享有受遗赠的权利。

第三十二条　无人继承又无人受遗赠的遗产，归国家所有；死者生前是集体所有制组织成员的，归所在集体所有制组织所有。

第三十三条　继承遗产应当清偿被继承人依法应当缴纳的税款和债务，缴纳税款和清偿债务以他的遗产实际价值为限。超过遗产实际价值部分，继承人自愿偿还的不在此限。

继承人放弃继承的，对被继承人依法应当缴纳的税款和债务可以不负偿还责任。

第三十四条　执行遗赠不得妨碍清偿遗赠人依法应当缴纳的税款和债务。

第五章　附 则

第三十五条　民族自治地方的人民代表大会可以根据本法的原则，结合当地民族财产继承的具体情况，制定变通的或者补充的规定。自治区的规定，报全国人民代表大会常务委员会备案。自治州、自治县的规定，报省或者自治区的人民代表大会常务委员会批准后生效，并报全国人民代表大会常务委员会备案。

第三十六条　中国公民继承在中华人民共和国境外的遗产或者继承在中华人民共和国境内的外国人的遗产，动产适用被继承人住所地法律，不动产适用不动产所在地法律。

外国人继承在中华人民共和国境内的遗产或者继承在中华人民共和国境外的中国公民的遗产，动产适用被继承人住所地法律，不动产适用不动产所在地法律。

中华人民共和国与外国订有条约、协定的，按照条约、协定办理。

第三十七条　本法自 1985 年 10 月 1 日起施行。